Natural Horsemanship für Einsteiger

Mit einfühlsamer Bodenarbeit zu einer harmonischen Mensch-Pferd-Beziehung - inkl. 10 Schritte Plan für das Pferdetraining

Christina Menken

INHALT

Das erwartet Sie in diesem Ratgeber...........................1

Das ist Horsemanship.......................................3

Was ist Horsemanship, wie funktioniert es und
was sind unsere Ziele?.......................................3

Warum entscheiden wir uns für Horsemanship?.6

Horsemanship verstehen, umsetzen und erkennen 8

Woran erkenne ich ein entspanntes Pferd?.........8

Der Pferdekopf 10

Die Mimik.. 11

Die Atmung.. 13

Die Körperhaltung 15

Wo liegt der Unterschied zu den anderen
Pferdesportarten?.......................................16

Wie halte ich die Beziehung zu meinem Pferd
aufrecht?...20

Wo liegen die Probleme? 27

Welche Probleme treten auf und wie gilt es,
diese zu lösen?...27

Der 10-Schritte-Plan für die Anfänge zur starken
Mensch-Pferd-Beziehung 32

1. Welche Ausrüstung ist für Horsemanship nötig
und wie nutze ich diese korrekt? 35

Halfter 35

Das Seil 37

Der Kontaktstock 38

2. Wie entscheidet sich Ihr Pferd für Sie? 39

3. Die Fünf Bereiche des Pferdes 42

4. Lob an der richtigen Stelle, die verschiedenen Phasen der positiven Verstärkung 44

Phase eins 45

Phase zwei: 45

Phase drei 45

5. Spiele für die Basis im Horsemanship nach Parelli. 47

Das Friendly Game 47

Das Porcupine Game 49

Das Driving Gam 53

6. Die Position zwischen Menschen und Pferd im Dehnungstraining. 55

7. Das „Yo-Yo-Game" nach Parelli 59

Rückwärtsrichten 59

Heranholen 60

8. Das „Circling Game" nach Parelli 61

9. Das „Sideways Game" nach Parelli 63

10. Das „Squeeze Game" nach Parelli................64

Der Leitfaden..66

Wann sind Sie bereit für mehr? 69

Das Schlusswort...71

Das erwartet Sie in diesem Ratgeber

Unharmonisches Beisammensein? Missverstehen in der Kommunikation zwischen Ihnen und Ihrem Pferd, was zu einem zwanghaften und demotivierenden Training führt? Die regelmäßigen Trainingseinheiten führen zu keinem erwünschten Ziel? Ihnen fehlt der persönliche Zugang zu Ihrem Pferd, da dieses gestresst und unausgeglichen ist? Aber wie erkenne ich ein entspanntes oder gar gestresstes Pferd?

Dann haben Sie in diesem Ratgeber zum anfänglichen Horsemanship genau die richtige Entscheidung getroffen.

Die Ziele scheinen meist groß und beinahe unerreichbar. Die Arbeit mit Ihrem Pferd soll genauso aussehen, wie es immer wieder auf Social Media dargestellt wird: harmonisch, voller Freunde, Liebe und Energie? Ich kann Sie beruhigen! Jeder dieser Trainer hat einen langen, nicht immer perfekten Werdegang hinter sich, welcher besonders kleinschrittig und hin und wieder rückwärts, mit sehr viel Geduld und Eifer gegangen werden musste. Wichtig ist es, Horsemanship zu verstehen und mit der nötigen Dynamik umzusetzen.

Und genau darum geht es in diesem Ratgeber. Sie erfahren, was Horsemanship überhaupt ist, wofür es steht und wie Sie sich mit den kleinsten Methoden Ihre Ziele erarbeiten können.

Denn erst, wenn Sie verstanden haben, wofür diese Arbeit steht und wie groß der Erfolg ist, kleine Schritte erzielt zu haben, ist ein Training dieser Art zielführend und bringt dauerhaft Spaß für die Zusammenarbeit zwischen Ihnen und Ihrem Pferd.

Das ist Horsemanship

WAS IST HORSEMANSHIP, WIE FUNKTIONIERT ES UND WAS SIND UNSERE ZIELE?

„Wenn dein Pferd nein sagt, hast du entweder die falsche Frage gestellt oder die falsche Frage gestellt." zitierte einst Pat Parelli, welcher bereits 1981 einen Ausbildungsplan namens „natural Horsemanship" erfand. In den vergangenen Jahrzehnten hatte er diese Art Pferdeausbildung zusammen mit seiner Frau Linda Parelli zu einer der ziel- und weiterführendsten Ausbildungsmethoden im Bereich der

Bodenarbeit zwischen Mensch und Pferd gemacht. Horsemanship bezeichnet allgemein den fairen Umgang zwischen Mensch und Pferd und wird meist als eine Art Bodenarbeit bezeichnet, welche uns die nonverbale Kommunikation durch Körpersprache näherbringen soll. Eines der Ziele ist, harmonisch arbeiten zu können und klare, feine Signale an das Pferd zu senden.

Die anfängliche Priorität sollte das Setzen der Ziele sein, diese sollten so kleinschrittig und realistisch wie möglich gesetzt werden, um sich nicht selbst zu enttäuschen. Werden Ziele zu hoch angesetzt, kann es schnell zur Demotivation kommen und die Fairness zum Pferd könnte unter diesem Hintergedanken gestört werden.

Man sollte sich sicher ein Vorbild vor Augen halten dürfen, genauso wie ein Ziel oder eine Vorstellung davon, wie es einmal aussehen soll. Es macht uns zu Profis, wenn wir uns von solchen erfahrenen Trainern oder bereits ausgebildeten Pferden nicht unter Druck setzen lassen, auch hier musste der eine oder andere Weg sicherlich rückwärtsgegangen werden.

Es ist nicht schlimm, sondern vollkommen natürlich, an manchen Stellen ein paar Schritte zurückzugehen. Wir arbeiten mit einem Lebewesen, was unsere Arbeit so individuell und wunderschön macht.

Aufgrund dessen gilt es, sich anfänglich mit dem Pferd als Lebewesen für sich auseinanderzusetzen. Wie lebt ein Pferd? Wie werden Rangordnungen festgelegt und untereinander deutlich gemacht? Solche Art der Fragen ist nur bei einer genauen Beobachtung von Pferden in der freien Wildbahn zu beantworten und auf diesen muss das Training aufgebaut werden. Pferde kommunizieren innerhalb der Rangordnung miteinander, daher steht es für den Menschen vorerst an höchster Stelle, der Ranghöhere zu sein.

Hier muss die Pferde-Mensch-Beziehung auf einer respektvollen und vertrauensvollen Ebene aufrechterhalten werden, bei der diese Voraussetzungen beiderseitig gegeben sind.

Wer bewegt wen? Eine der Fragen, welche Sie im Horsemanship ständig begleiten sollte, genauso wie Ihre innere Einstellung als Trainer, welche sich in verschiedenen Formen auf unser Pferd überträgt.

Dieses Training zeigt eine leichte, körperliche Kommunikation zwischen uns und dem Pferd,

Körpersprache ist hier das A und O, damit ein faires und klares Verhältnis entstehen kann.

WARUM ENTSCHEIDEN WIR UNS FÜR HORSEMANSHIP?

Sie entscheiden sich für Horsemanship, wenn Sie eine Partnerschaft, basierend auf Vertrauen und Fairness mit unserem Pferd eingehen wollen. Die Meinungen über diese Art der Pferdeausbildung sind geteilt, da es nichts mit den üblich bekannten Pferdesportarten zu tun hat, welche auf einigen internationalen Turnieren zu sehen sind, wie zum Beispiel dem CHIO in Aachen, hier werden unter anderem die Disziplinen Dressur und Springen vorgestellt und streng bewertet. Diese Beziehungsarbeit kann mit jeglicher anderen Reitweise kombiniert werden und bringt in der Arbeit einen starken Mehrwert.

Die Beziehung, welche wir zu unserem Pferd führen, baut unsere weitere Arbeit auf und legt das Fundament zu Erfolg und Harmonie.

„Auf ein Pferd, das aus Angst gehorcht, ist kein Verlass. Es wird immer etwas geben, vor dem es sich mehr fürchtet als vor dem Reiter. Wenn es aber seinem Reiter vertraut, wird es fragen, was es tun soll, wenn es sich fürchtet." (*Antoine de Pluvinel*)

Horsemanship lehrt uns die Kommunikation und die grundlegenden Dinge für den alltäglichen Umgang auf körpersprachlicher Basis zwischen Mensch und Pferd und hilft uns zu verstehen, wie ein Pferd denkt. Es motiviert diese dazu, geistig und körperlich angeregt mit uns zu arbeiten.

Ebenfalls zeigt es uns, wie Respekt und Vertrauen aufgebaut werden können und wie sich Ihre mentale Einstellung gegenüber Ihrem Pferd ändert. Schnell merkt man, wie das Tier anfängt, sich positiv zu binden, und Ihnen gegenüber aufmerksamer wird. Das Pferd lernt, wie es sich sowohl vom Sattel als auch vom Boden aus in die Herde zwischen Mensch und Pferd eingliedern kann, ohne sich unter Druck gesetzt zu fühlen oder die Gegenwart des Menschen als Verpflichtung zu sehen.

Horsemanship verstehen, umsetzen und erkennen

WORAN ERKENNE ICH EIN ENTSPANNTES PFERD?

Das grundsätzliche Ziel des Horsemanships und auch die Grundlage einer erfolgreichen Arbeit ist ein entspannter Trainingspartner. Hier beginnt schon die wichtigste Lektion: Die Körpersprache des Pferdes zu erkennen. Um diese verstehen zu können, ist es wichtig, nicht jedes Signal einzeln zu werten, sondern das Zusammenspiel aus verschiedenen Signalen zu interpretieren.

> **Tipp**: Je aufrechter und höher ein Pferd in seiner Haltung läuft, desto angespannter ist es. Ein angespanntes Pferd birgt für uns immer eine Gefahr. Ruckartige, schnelle Bewegungen signalisieren Alarmbereitschaft.

Für das Pferd ist es wichtig, dass wir eine entspannte Stimmung mit ins Training bringen, genauso wünschen wir uns Entspannung für unser Pferd, damit dieses stets motiviert bleibt. Anspannung und negativ verbundener Stress wirken sich bei Pferden immer verweigernd aus. Auch hier müssen wir uns immer wieder vor Augen führen, dass es sich bei unserem Trainingspartner um ein Fluchttier handelt, welches dazu neigt, schnell nervös und schreckhaft zu werden.

Je nach Sensibilität des Pferdes könnten Magendarmerkrankungen genauso wie Verdauungsstörungen stressbedingt ausgelöst werden, welche sich in verschiedenen Formen bemerkbar machen. Wie erkenne ich also ein entspanntes und ausgeglichenes Pferd?

Entspannte Pferde entspannen Ihre Muskeln, hiervon haben Pferde ungefähr 520 Stück, also bestehen circa 40 % der Gesamtmasse eines Pferdes aus Muskelmasse. Wir teilen die Signale, welche unser Pferd uns sendet, in vier verschiedene Bereiche ein:

- Der Pferdekopf

- Die Mimik

- Die Atmung

- Und die Körperhaltung

Der Pferdekopf

Ist der Kopf des Pferdes gesenkt, geht das mit einer entspannten Halsmuskulatur einher, denn durch eine vertiefte Kopfhaltung ist das Sichtfeld des Pferdes eingeschränkt und ein Risiko.

Diese Haltung wagt sich ein Fluchttier nur, wenn die Umgebung sicher und vertraut ist. Die Augen sind entspannt und die Oberlider der Augen zeigen ein verringertes Blinzeln (hier gilt es, das Blinzeln zu unterscheiden, bei auffällig häufigem Blinzeln sollte tierärztlicher Rat eingeholt werden).

> **Info**: Britische Wissenschaftler konnten beweisen, dass die Blinzel-Rate bei Pferden, welche Stress ausgesetzt waren, deutlich anstieg und daher einer der Beweise für ein gestresstes Pferd ist.

Die Mimik

Zum Pferdekopf gehören auch die Ohren.

Die Ohren sind eines der wichtigsten Körperteile, mit dem uns das Pferd seine Stimmung zeigt. Beobachten Sie Ihr Pferd und sehen Sie dabei seitlich ausgerichtete, leicht hängende Ohren, ist dies ein sicheres Indiz dafür, dass sich Ihr Pferd in dem Moment entspannt fühlt. Ohren, welche in verschiedene Richtungen gedreht sind, zeigen Verwirrung. Das Pferd versucht hier, die Lage zu verstehen und einzuschätzen.

„Wenn mein Pferd die Ohren anlegt, ist es böse", hört man in den meisten Ställen.

Hier gibt es Unterscheidungen: Angelegte Ohren können Aggression darstellen, aber bei manchen Pferden genauso Konzentration, diese legen bei freien Spielen oder Freiarbeit ihre Ohren ein wenig an. Sind beide Ohren komplett an den Hals angelegt, zeigt dieses im Zusammenspiel mit aufgerissenen Augen und dem Mund in Form von Zähnen zeigen eine klare Aggression.

Wie bei diesem Zusammenspiel kommt man auf ein weiteres wichtiges Signal, welches meist unterbewertet oder gar nicht erst gesehen wird: das Pferdemaul.

Kaut ein Pferd, kann dies zuerst einiges heißen. Kauen bei oder nach dem Training zeigt, dass dieses Pferd Stress ausgesetzt war und diesen somit abbauen möchte. Dies hilft uns, herauszufinden, wo genau Stresspunkte des Pferdes liegen, und diese zu minimieren.

Info: Pferde Wissenschaftlerinnen der norwegischen Universität für Umwelt- und Biowissenschaften (Margret Lie und Professor Ruth Newberry) beobachteten das Sozialverhalten von Wildpferden unter natürlichen Bedingungen. Dabei wurden 202 Verhaltensabläufe in Form des Leerkauens und Lippenleckens der Pferde beobachtet.

Kauen und Lippenlecken ist ihren Beobachtungen zufolge keine Art, Unterwürfigkeit zu zeigen, da angreifende Pferde deutliche Zeichen dieser Signale zeigten.

Jedoch ist es so, dass dieses Verhalten meist dann auftritt, wenn Pferde Ihren mentalen Zustand von Stress zu Entspannung wechseln.

Hierdurch ist also zu sagen, dass ein Pferd, welches bei der Arbeit abkaut oder sich die Lippen leckt, in einen entspannten Zustand fällt.

Die Atmung

Um die Atmung des Pferdes einschätzen zu können, ist es hilfreich, die Atemzüge pro Minute zu zählen, das hilft Ihnen, ein besseres Gefühl für die Atmung Ihres Pferdes zu bekommen.

Hierbei achten Sie am besten auf die Bewegung von Brustkorb und Flanken des Pferdes, was bei einer Position schräg vorn, vor dem Pferd beim Ausatmen möglich ist. In der Regel sieht man bei Bauch und Brustwand nur eine leichte Bewegung.

Ein Pferd atmet im Entspannungszustand etwa 8- bis 16-mal in der Minute, hier sind Größe und Gewicht des Pferdes zu berücksichtigen, um genaue Informationen der Atemfrequenz Ihres

Pferdes zu erhalten, muss jedoch tierärztlicher Rat eingeholt werden.

Ebenfalls zählen die Nüstern zum Atmungsapparat, welche ein großes und wichtiges Kommunikationsmittel darstellen. Diese dienen zum Atmen, Riechen und Tasten oder um mit Artgenossen zu kommunizieren. Zur Begrüßung pusten Pferde durch Ihre Nüstern, in Richtung des Gegenübers.

Zeigt Ihr Pferd weite, aufgeblähte Nüstern, signalisiert das in der Regel Aufregung, in manchen Fällen kann hier aber auch ein Geruch vorliegen, welchen das Pferd in dem Moment nicht zuordnen kann.

Hier ist das Zusammenspiel wieder ausschlaggebend. Ist das Pferd in diesem Moment im Training, versucht es, Luft zu bekommen, und zeigt dadurch körperliche Anstrengung.

In der Körpersprache gibt es eine Verbundenheit zwischen Menschen und Pferden: das Naserümpfen. Bilden sich kleine Fältchen rund um den Nüsternbogen, zeigt diese Verärgerung oder schlechte Laune.

Ein Pferd, welches schnaubt, zeigt gegenteiliges Verhalten. In diesem Fall ist es entspannt und zufrieden.

Die Körperhaltung

Ein Pferd, welches sich entspannt ist, leicht an seiner Körperhaltung zu erkennen. Sie sehen, dass Ihr Pferd eine scheinbar kleinere und eher geduckte Körperhaltung als sonst ausstrahlt und dabei beliebig eines der hinteren Beine so anwinkelt, dass die Hüfte abgekippt und der jeweilige Huf mit der Spitze auf dem Boden aufliegt? Dann können Sie sich sicher sein, dass Ihr Pferd in einer entspannten und erholten Stimmung ist. Ein Pferd, welches geduckte Körpersprache zeigt, ist in der freien Wildbahn immer eine einfache Beute für Angreifer, daher können Sie sich sicher sein, dass sich Ihr Pferd aktuell sehr wohlfühlt.

Einen einfachen Test, um die Körperhaltung Ihres Pferdes zu hinterfragen, kann durch das Anheben des Schweifes durchgeführt werden. Lässt sich der Schweif problemlos in seiner Position verändern, ist dies ein weiteres Indiz für Entspannung. Allerdings ist bei diesem besonderen Teil des Körpers zu beachten, dass dieser auch eine Art Entspannung signalisiert, wenn das Pferd den Schweif leicht angehoben hat.

Tipp: Bei der Haltung des Schweifes muss die Rasse des Pferdes einbezogen werden. Ein Vollblüter hält den Schweif naturgemäß höher als ein Warmblut. Beobachten Sie Ihr Pferd immer wieder und beurteilen Sie die Haltung dessen Schweifs.

Sehen Sie ein starkes Anpressen oder gar Zusammenkneifen des Schweifs, könnte dieses Unsicherheit oder Anspannung bedeuten, bitte klären Sie dieses Verhalten immer mit Ihrem Tierarzt ab, da so etwas unter anderem durch Blockaden verursacht werden kann, welche es durch geschultes Personal zu lösen gilt.

WO LIEGT DER UNTERSCHIED ZU DEN ANDEREN PFERDESPORTARTEN?

Ganz klar: Kommunikation statt Dominanz.
Im Generellen ist und bleibt Horsemanship die Arbeit mit dem Pferd vom Boden aus. Die Kombination zwischen dieser und der klassischen Reitweise ist der Erfolgsweg. Ein Pferd, welches

permanent in einer senkrechten Kopfanlehnung laufen muss, die vorderen Beine möglichst weit Richtung Himmel strecken und dabei auf der Stelle trabt oder galoppiert, sehen Sie immer wieder in der typischen Dressurausbildung, welche sich meist mit dem Pferd vom Sattel aus beschäftigt, eine Kommunikation findet hier höchstwahrscheinlich über den Zügel und die Beine statt, welche ebenfalls in den meisten Fällen mit einem Sporn umkleidet sind, was erst mal keine schlechte Methode darstellt, denn die Ausbildung unserer Pferde hat verschiedene Formen, leider genauso viele verschiedene Gesichter. Es ist bewiesen, dass ein Pferd durch korrekte reiterliche Ausbildung durchaus locker, lässig und zufrieden laufen kann. Es hilft dem Pferd, Gleichgewicht aufzubauen und dieses anzuwenden. Korrekte Hilfengebung sowie ein hiermit verbundener gesunder Muskelaufbau durch ein in sich gerade gestelltes Pferd ist eine positive Verstärkung und wird gern angenommen und umgesetzt.

Oftmals wird das Pferd in seiner Kommunikation missverstanden, was durch das fehlende Auge des Trainers fast unumgänglich ist. Es ist

Fakt, dass man sein Pferd vom Boden aus besser und genauer beobachten kann als vom Sattel.

Ebenfalls ist das Springreiten eine bekannte Reitsportart, welche sich im Sport selbst kaum mit dem Horsemanship vergleicht. Hier wird immer wieder vergessen, dass zu einem Pferd, welches den Parcours sicher und verlässlich durchlaufen soll, Vertrauen gehört und dieses holt sich Ihr Trainingspartner immer von Ihnen, ist dies nicht gewährleistet, kommt es meist zu einem Hetzen und Jagen, was immer wieder auf sämtlichen Turnieren gesehen wird. Bei einer Hindernishöhe von teilweise 1,60 Meter darf ein Pferd unsicher in der Ausbildung werden, wenn das richtige Fundament gelegt ist, zeigt diese Unsicherheit allerdings kein Problem für das Team, diese wird als Herausforderung gesehen und hervorragend gemeistert. Sie wünschen sich ein Pferd, welches gelassen, entspannt und mit genügend Kraft ins Training geht? Am besten ist dieses gelassen und begleitet Sie in diesem Gemüt durch jede Lebenslage. Daher ist ein ausgeglichenes Training zwischen Horsemanship und klassischer Dressur besonders wichtig. Für das Training muss eine gesunde Basis aus

Fairness und Respekt geschaffen werden, welche vor allem den Menschen schult.

> „Ich verstehe unter Horsemanship, liebevoll mit dem Pferd umzugehen, feinste Hilfen zu nutzen und seine Bedürfnisse zu respektieren. Deswegen höre ich schon lange nicht mehr auf Menschen, sondern auf das, was die Pferde selbst mir mitteilen." (Andrea Bethge)

Haben Sie sich durch Horsemanship die grundlegende Kommunikation mit dem Pferd aneignen können, so wird diese vom Sattel deutlich einfacher zu lösen sein. Möchten wir die Art der Ausbildung weiterführend mit dem Training im Sattel verbinden, so legt es sich Ihnen vor, das Pferd zusätzlich zu einem gut passenden Sattel gebisslos zu reiten. Natürlich gibt es hier eine Vielzahl an Ausführungen, welche uns Möglichkeiten zeigen, das Pferd ohne Gebiss zu reiten und trotzdem eine starke negative Gewalteinwirkung zu haben.

Bitte halten Sie sich immer vor Augen, dass die Wirkung des Gebisses oder des Equipments immer so stark oder negativ ist, wie der Reiter sie anwendet. Bei einer gebisslosen Trense wirkt sich die Einwirkung der Reiterhand immer auf den Nasenrücken aus. Wird diese Trense allerdings genauso weich und sensibel genutzt, wie es das Horsemanship lehrt, ist dies eine der besten Möglichkeiten, das Pferd locker und entspannt reiten zu können, denn unser Ziel ist es, das Pferd so natürlich wie möglich zu begleiten. Beim Reiten wird hier zusätzlich das Körpergewicht als Sprache eingesetzt und einbezogen, mit welcher wir vom Boden aus weniger arbeiten können. Ein gut ausgebildetes Pferd kann von einer Trense mit Gebiss auf eine gebisslose umgestellt werden, da bei richtigem Ausbilden über die Dressurskala diese auch durch Impulse des Körpergewichts geleitet wird. Für Pferde, welche noch nicht sicher in der Ausführung mit Gebiss sind, ist eine Umstellung erst einmal verwirrend und ungewohnt, kann aber nebenher gern am Boden antrainiert werden.

WIE HALTE ICH DIE BEZIEHUNG ZU MEINEM PFERD AUFRECHT?

Horsemanship ist Kommunikation, welche positive Beziehungen ausbaut.

Stellen Sie sich vor, Ihr Pferd freut sich und begrüßt Sie mit einem lauten Wiehern. Eine Beziehung, in der Sie Ihr Pferd, und dieses Sie, beinahe auswendig kennen, ist eine der schönsten Vorstellungen für einen Pferdebesitzer. Es ist egal, wie Ihr Pferd eingestallt ist, eine tägliche Stallroutine, welche das Pferd begrüßt und pflegt, sollte bei Ihnen als Besitzer an der Tagesordnung stehen. Ihr Pferd merkt sich sehr wohl, ob Sie ihm täglich Ihre Zuneigung schenken. Natürlich ist ein Pferd, welches in einem Offenstall in Vollpension steht, erst einmal nicht auf Sie angewiesen, was die Verpflegung angeht, allerdings muss dieses aus psychischer Sicht gepflegt werden. Und hier legen Sie den ersten Baustein Ihrer Beziehungserhaltung. Höchste Priorität hat für Ihr Pferd das Beisammensein: Sie als einen freudigen Zeitgenossen zu erfahren.

„Am Anfang steht immer die Beziehung, aus der wir eine Kommunikation entwickeln. Viele Menschen stecken Pferde in eine für sie völlig unpassende Rolle. Das Pferd ist weder eine Barbiepuppe noch ein Fahrrad. Es ist genauso unfair, es zu verhätscheln, wie es zu benutzen. Ehepartner können die Scheidung einreichen, wenn der Partner nicht beziehungsfähig ist. Pferde können das nicht. In einer guten Beziehung sollte man sich aneinander freuen können." (Bent Branderup – aus dem Buch „Beziehungspflege Horsemanship")

Die Beziehungspflege kann während der gemeinsamen Zeit ganz einfach genutzt werden, indem Folgendes beobachtet werden kann: Wenn Sie sich mit Ihrem Pferd, beispielsweise während der Freiarbeit, in der Halle aufhalten, setzen Sie sich doch einmal kommentarlos auf den Boden. Wie reagiert Ihr Pferd in diesem Moment? Wie ist die Reaktion auf seine Umgebung, Geräusche oder andere äußerliche Einflüsse? Was hat Ihr Pferd vor, mit Ihnen zu tun? Hierbei geht es schlichtweg darum, herauszufinden, wie Ihr Pferd Sie wahrnimmt und wie es Sie sieht. Eine weitere Übung, um die Beziehung zu stärken, ist ein Beisammensein auf der Wiese, wo Ihr Pferd steht und grast. Hier können Sie sich einfach neben Ihr Pferd stellen und die Gegend begutachten, genauso wie in dieser Situation ein sanftes Kratzen an juckenden Stellen gern angenommen wird. In der Box kann dem Pferd auf ähnliche Weise Gesellschaft geboten werden.

Ebenfalls kann man sich auch bei schönem Wetter zusammen in die Sonne stellen und gemeinsam atmen. Man möchte zuerst nicht meinen, dass es sich hier um ausschlaggebende Tipps handelt, aber nachdem man diese Worte über mehrere Einheiten in die Tat umgesetzt hat, merkt man, wie bindend diese Zeiten zu zweit doch sind. Es wird eine Freundschaft zum Pferd gesucht, welche den anderen so nimmt, wie er ist.

Tipp: Sollten sich Ihre Gedanken damit befassen, dass der eingeschlagene Weg keinerlei Lösung bietet, merkt das Pferd dies an Ihrer Körpersprache, da Sie diese mit der Art Einstellung signalisieren, wahrscheinlich haben Sie dazu noch eine veränderte Stimmlage und Mimik. Ihr Pferd wird Ihnen keinen Glauben schenken und den Sinn dieser Übung auf seine Weise nicht verstehen. Wenn Sie zu viel nachdenken, versuchen Sie, der Perfektion zu stark nachzugehen, was wiederum zu einem demotivierenden Training führen könnte, da Sie die kleinen Zeichen der Körpersprache nicht wahrnehmen, Ihr Pferd jedoch stärker, als Sie denken.

Stellen Sie sich vor: Ein Freund läuft sehr aufgeregt mit einem starren Blick, welcher ständig auf Sie gerichtet ist, neben Ihnen her und spricht in einer Sprache, welche Sie nicht verstehen. Sonst ist die Kommunikation zu Ihrem Freund uneingeschränkt, aber heute verstehen Sie einfach nicht, was mit ihm los ist.

Ungefähr so fühlt sich Ihr Pferd in dem Moment, wenn Sie falsche Gedanken mit ins Training bringen.

Eine Ausbildung fördert Ihre Beziehung enorm, hierzu zählt nicht nur die gemeinsame Zeit, welche Sie verbringen, sondern auch, zusammen Fortschritte zu erleben und Hürden zu meistern. Gemeinsame Erfolge binden nicht nur Mensch an Mensch, sondern auch das Pferd an den Menschen. Um eine Beziehung tendenziell steigen zu lassen, müssen Sie sich immer wieder die Frage stellen: „Was genau ist die Basis, mit der Sie arbeiten?" Feine und freundliche Kommunikation sollten demnach Ihre ständigen Begleiter sein.

Die Basis zwischen Ihnen sollte stets aufrechterhalten werden und anfangs sehr ausgiebig und korrekt aufgebaut sein. Ansonsten ist es möglich, dass dieses Vertrauen schnell durch Kleinigkeiten zerbricht und man in seinem Training zurückfällt.

Ist es so, dass Ihr Pferd bereits eine umfangreiche Ausbildung genossen hat, heißt das nicht gleich, dass die Basis noch immer ein fester Bestandteil ist, diese sollte immer wieder ins Gedächtnis gerufen werden, bei Ihrem Pferd genauso wie bei Ihnen. Man kann einfach kleine Tests durchführen, welche uns einen Einblick geben, ob das Pferd noch immer auf alte Lektionen der Erziehungseinheiten zurückgreifen kann. Zum Beispiel ist es möglich auszuprobieren, ob sich Ihr Pferd problemlos von anderen Menschen anfassen lässt, die Hufe auf Kommando gibt oder alle drei Gangarten an der Hand so beherrscht, dass Konzentration und Körperspannung nicht völlig auseinanderbrechen.

Zusammengefasst ist ein Pferd nie fertig mit seiner Ausbildung oder ausgelernt. Es gilt immer, die Basics nach und nach zu wiederholen, um Beziehung und Vertrauen aufrechtzuerhalten.

Zitat: „Ein natürlicher Anführer der Herde braucht keine Dominanz. Er wird wegen seiner inneren Gelassenheit und seinen weisen

Entscheidungen ausgewählt. Zur inneren Ruhe kommt man nur durch Achtsamkeit und Akzeptanz der Wahrheit, egal, wie schmerzhaft oder beschämend sich das anfühlt. Nur aus Authentizität heraus können wir unsere Ängste überwinden und uns der Ruhe und Weisheit eines Anführers nähern." (Hanna Engström)

Wo liegen die Probleme?

WELCHE PROBLEME TRETEN AUF UND WIE GILT ES, DIESE ZU LÖSEN?

Meist beschäftigt man sich mit Ratgebern wie diesem, weil es ein akutes Problem gibt, welches nicht zu lösen ist. Jeder Pferdebesitzer kennt den Moment, in dem man mit seinem Latein am Ende ist und einfach nicht mehr weiterweiß.

Es gibt so viele verschiedene Sorten an Problemen oder Unarten, welche durch Horsemanship minimiert oder gar gelöst werden können, wenn

Sie Ihrem Pferd die Möglichkeit dazu geben. Zuallererst muss identifiziert werden, was genau Ihr Problem ist, um dies anpacken zu können. Ein paar dieser Probleme neben Vertrauen und Beziehungsbindung können *beißen, drängeln, schubsen, ziehen oder weglaufen* sein. Es kann sein, dass Ihr spezifisches Problem hier nicht bei Wort genannt ist, aber prinzipiell werden alle Unarten gleich angepackt und mit dem nötigen Know-how gelöst. Sicher kennen Sie es auch, dass sich das unerwünschte Verhalten des Pferdes nur in Ihrem Training widerspiegelt. Ist ein Trainer engagiert, welcher Horsemanship zu seinem Beruf gemacht hat, scheinen die Probleme wie in Luft aufgelöst zu sein, Gleiches ist oft bei ungeschultem Personal zu sehen, welches sich zur Abwechselung mit Ihrem Pferd beschäftigt. Das liegt daran, dass Sie Ihr Pferd wahrscheinlich sehr gut kennen, und dieses weiß das!

Sie gehen unbemerkt mit einer Haltung ins Training, welche dieses unerwünschte Verhalten zwangsläufig hervorruft. Ebenso gibt es aber auch Pferde, welche sich auch in Gegenwart anderer als Problempferd darstellen.

„Das Pferd ist nie schuld." Dieser Aussage ist eindeutig Glauben zu schenken, ein Pferd macht sich nicht selbst zu einem schwierigen Pferd oder möchte dies aus Hinterlistigkeit tun. Der Mensch macht ein Pferd zum Problempferd.

Oftmals kommt es vor, dass Probleme über einen viel zu langen Zeitraum hinweg ignoriert werden, es ist aber so wichtig, die Konfrontation zu suchen und diese unter der erlernten Basis zu klären. Sie müssen immer einen Blick über den Tellerrand wagen und noch vor Ihrem Pferd wissen, wann diese Problemsituation kommt, und diese in der richtigen Sekunde mit Geduld und Vertrauen entschärfen.

Bitte denken Sie immer daran, Ihre Probleme kundzutun, damit Ihre Stallgemeinschaft mit Ihnen arbeiten kann, es ist ganz wichtig, dass eine konsequente Erziehung stattfindet, bei der auf den Leitfaden *„Kommunikation statt Dominanz"* zurückgegriffen wird. Sollten Sie noch nicht so weit sein, dass eine solche Situation mit dem Vertrauen zu meistern ist, muss zu anderen Menschen oder Pferden Abstand gehalten werden. Auch dies wird sich irgendwann bessern, wenn eine gründliche Bodenarbeit trainiert wird.

> *„Es ist nicht schlimm, sondern vollkommen natür-*
> *lich, an manchen Stellen ein paar Schritte zurück-*
> *zugehen. Wir arbeiten mit einem Lebewesen, was*
> *unsere Arbeit so individuell und wunderschön*
> *macht."*

Es gibt einige Hilfsmittel auf dem Markt, welche versprechen, ein Problem schnell zu lösen, letzten Endes müssen Sie hier immer im Auge behalten, dass Hilfsmittel dieses nur unterdrücken und nicht lösen, was nicht für alle gilt, aber für einige. Sie selbst können jedoch manchen Unarten mit Kleinigkeiten entgegenwirken, hier ist zum Beispiel ein langer Führstrick eine gute Lösung, dem Pferd, falls möglich, den nötigen Freiraum zu bieten oder im kritischen Zustand einen nötigen Sicherheitsabstand zu halten. Bitte zusätzlich darauf achten, dass der Karabiner, welcher den Strick am Halfter befestigt, intakt ist und sich nicht beim kleinsten Zug öffnet. Zudem ist ein breites und weiches Halfter für Pferde, welche drängeln oder ziehen, immer eine Einladung, dies zu tun, denn ein Gegendruck durch Ihre Hand kann nie so stark sein, dass es ein Pferd aufhält, hier können Sie also

gern ein Knotenhalfter oder ein demnach dünne-
res Halfter nehmen.

Der 10-Schritte-Plan für die Anfänge zur starken Mensch-Pferd-Beziehung

Nachdem Sie nun wissen, was Horsemanship ist, auf welchen Grundlagen es aufgebaut ist und in welcher Situation hiermit Erfolg erzielt werden kann, ist es an der

Zeit, eine kleine Reihe Tipps zu geben, welche Ihnen helfen, die Anfänge des Horsemanships zu erlernen und langsam umzusetzen. Ich habe einen Plan aus 10 Schritten zusammengestellt, welcher helfen soll, Sie an die praktische Umsetzung heranzuführen. Sie versuchen hier, die Basics anhand der Übungen zu festigen. Nun dürfen Sie anfangen, sich kleine Ziele zu setzen. Nochmals zu erwähnen ist, dass Sie darauf achten, kleinen, sehr realistischen Zielen eine Chance zu geben. Gerade in der anfänglichen Arbeit ist das unser ständiger Begleiter, denn demotivierende Erlebnisse sind zu anfänglich schwer zu verarbeiten. Ziele sollten nicht auf Zeit gesetzt werden, falsch ist es also, wie folgt an das Training ranzugehen: „Ich möchte, dass mein Pferd in 2 Wochen an der Hand galoppiert, ohne dabei überspannt und eigensinnig zu sein."

Gehen Sie lieber mit solcher Einstellung ins Training: „Ich möchte, dass mein Pferd am Ende meines Trainings locker, zufrieden an der Hand galoppiert, ich gebe meinem Pferd die Zeit, die es braucht. Es ist völlig egal, wie häufig es mich fragt, wie etwas geht. Ich bin da, um es zu erklären." Hiermit soll keine Lässigkeit widergespiegelt werden, denn ein wenig Ehrgeiz zu zeigen, ist gesund und lässt uns nicht vergessen, welche Ziele wir uns gesetzt haben. Jedoch soll dieser Satz aussagen, dass es in Horsemanship keine Rolle spielt, wie lange eine Trainingseinheit dauert, sondern wie gut und sicher ein Grundstein irgendwann ausgeführt werden kann. Ebenfalls ist es wichtig, Pferde nicht untereinander zu vergleichen, es ist wie bei uns Menschen. Mancher braucht mehr Zeit, um eine Mathematikaufgabe zu lösen, als der andere. In Ihren Einheiten ist es das Ziel, Methoden oder Hilfsmittel anzuwenden, die das Pferd nicht überfordern oder ihm keine Schmerzen oder Angst zufügen. Sie müssen die Körpersprache umsetzen und richtig verstehen, um so die Führungskompetenz zu bewahren.

Wir sind der Freund des Pferdes! Es soll gern mit uns zusammenarbeiten und Spaß bei der Arbeit zeigen.

1. WELCHE AUSRÜSTUNG IST FÜR HORSEMANSHIP NÖTIG UND WIE NUTZE ICH DIESE KORREKT?

Halfter

Für den Pferdekopf verwenden Sie am besten ein Knotenhalfter, solch eines gibt es in jedem Reitsportgeschäft zu kaufen und es hat einen niedrig eingestuften Anschaffungspreis.

Aber wieso ausgerechnet ein Knotenhalfter? Dieses Halfter zeichnet sich darin aus, weich am Pferdekopf anzuliegen und sehr weich und präzise in der Anwendung zu sein. Hiermit können Hilfen besonders gut übermittelt werden, da keine Schnallen am Pferdekopf liegen, welche das Pferd in irgendeiner Art und Weise stören könnten. Allerdings wird ein Knotenhalfter durch einen Punkt von Ihnen zusammengeknotet, dieser Knoten sollte ebenfalls einmal veranschaulicht werden, damit dieser so einfach wie möglich umzusetzen ist.

Das Halfter darf nicht zu tief auf der Pferdenase aufliegen. Bei Fixierung der Höhe muss darauf geachtet werden, dass es nicht zu hoch sitzt und das Jochbein des Pferdes berührt, dieses könnte Scheuerstellen geben und sich unangenehm auf das Pferd auswirken, also lassen Sie bitte vor dem Jochbein mindestens zwei Finger Platz.

Knotenhalfter gibt es in verschiedenen Größen, dabei ist es ganz wichtig, darauf zu achten, dass das Halfter nicht zu groß oder zu klein ist. Unter dem Kinn muss mindestens so viel Platz sein, dass das Pferd gut und bequem kaufen kann, jedoch nicht so viel Platz, dass hier ein ganzer Pferdehuf Platz hätte. Ebenfalls gibt es viele verschiedene Arten dieser Halfter, Sie selbst sollten schauen, mit welchem Sie am besten trainieren können. Hier wird die Qualität mithilfe der Härte des Materials unterschieden. Ein weicheres Material ist immer angenehmer für Ihr Pferd zu tragen.

Das Halfter wird mit streichelnden Bewegungen auf dem Kopf gezogen und nicht, wie es in einigen Ställen fälschlicherweise preisgegeben wird, von unten am Genick des Pferdes verknotet. Hier laufen Sie Gefahr, dass sich der falsche Knoten bei Kontakt mit dem Huf so festzieht, dass Sie diesen nicht mehr lösen können. Richtig ist die Variante, das Genickstück von oben an das Halfter zu führen und an dieser Schlaufe zu verknoten, denn hier ist es in jeder Situation möglich, das Halfter wieder zu lösen. Das Ende der Schlaufe, welche vom Genick kommt, sollte immer nach unten und nicht Richtung Auge zeigen, dass könnte Ihr Pferd sonst verletzen!

Noch zu erwähnen ist, dass ein Knotenhalfter nur zur Bodenarbeit genutzt werden sollte und nicht zum Beispiel zum Anbinden des Pferdes in der Stallgasse. Sollte sich Ihr Pferd erschrecken und in das Halfter hängen, kann dies aufgrund der Feinheit sehr schmerzhaft sein. Ebenfalls steht es Ihnen frei, das Halfter zum gebisslosen Reiten zu nutzen.

Das Seil
Auch hier gibt es verschiedenste Arten von Seilen in unterschiedlichen Längen, Dicken, Farben und Formen. Es ist Ihnen frei, zu wählen, welches Sie davon nutzen möchten. Oftmals muss man auch erst einige der Seile ausprobieren, um zu wissen, mit welchem man am besten trainieren kann. Zum Beispiel können Sie ein 3,90 Meter langes Boden-arbeitsseil nutzen. Zum Anfang eignen sich diese gut, wenn Sie sich für die schwerere Ausführung entscheiden, diese ermöglicht eine gute

Kommunikation, da die Hilfen sehr präzise durch das Knotenhalfter auf den Pferdekopf übertragen werden. Optional können je nach Pferd auch Seile ohne Karabiner genutzt werden, welche ganz einfach am Halfter angebracht werden können.

Doch wie wird dieses Seil ohne Karabiner am Knotenhalfter befestigt? Das Seil wird durch die Öse am Halfter geschoben, welche eigentlich für den Karabiner vorgesehen ist. Das Ende des Seils wird danach einfach durch die Schlaufe am anderen Ende des Seils gezogen, so ist das Seil befestigt. Bei manchen Bodenarbeitsseilen ist es sogar möglich, den Karabiner nach Belieben zu entfernen oder auszutauschen.

Für eine spätere Arbeit auf Distanz ist eine Länge von 3,90 Meter jedoch zu kurz. Zur Distanzarbeit empfiehlt sich ein 7-Meter-Seil.

Der Kontaktstock
Ein wichtiger Ausrüstungsgegenstand im Horsemanship ist der Kontaktstock bzw. Bodenarbeitsstick, auch hier gibt es wie schon beim Knotenhalfter oder Bodenarbeitsseil verschiedene Möglichkeiten – je nach Vorliebe des Trainers. Es gibt

Stöcke, welche eine Art Lederband anschließend zum festen Teil des Stocks haben, dieses empfiehlt sich allerdings für die fortgeschrittene Arbeit mit Horsemanship. Mit diesem Stick ist eine extrem präzise und ausführliche Hilfengebung möglich, welche anfangs noch nicht so verfeinert ist, dass dieser für die anfängliche Arbeit ausgelegt wird.

Ein Tipp ist es, anfangs auch ohne Pferd mit dem Stick zu üben, um ein Gefühl davon zu bekommen, wie dieser reagiert, denn das Handling ist mit einer normalen Longierpeitsche nicht zu vergleichen. Je nach Größe des Pferdes kann man sich kürzere Sticks anschaffen. Zum Beispiel gibt es besonders kurze Sticks, welche zum Reiten dienen, diese sind bei einem Pony besser zu nutzen als bei einem Großpferd.

2. WIE ENTSCHEIDET SICH IHR PFERD FÜR SIE?

Damit das Horsemanship-Training starten kann, sollte sich das Pferd gern in Ihrer Gegenwart befinden und dies aus eigenem Ermessen entscheiden. Diese Entscheidung wird durch Vertrauen getroffen. Für diesen Wunsch gibt es kein

Patentrezept, es ist je nach Pferd unterschiedlich und wird von allen möglichen Charaktereigenschaften beeinflusst. Oftmals ist es so, dass der Mensch unsicher ins Training geht, dieses Gefühl überträgt sich sofort auf das Pferd und in diesem Moment entsteht kein beidseitiges Vertrauen. Vertrauen entsteht langsam, welches bei Pferden schnell wieder zerstört werden kann. Das heißt, dass Sie sich dem Pferd erst einmal komplett berechenbar zeigen.

Zuallererst ist es wichtig, dass Sie sich bewusst sind, dass das Pferd durch ganz viele feine Sensoren genau spürt, wie es Ihnen geht. Gehen Sie mit einem Gefühl ins Training, welches dem Pferd signalisiert, wie sehr Sie seine Gegenwart zu schätzen wissen. Das Pferd sollte Ihren Geruch wahrnehmen dürfen, so kann es Sie besser einschätzen. Durfte das Pferd Ihren Geruch aufnehmen, können Sie weiter mit freier Berührung arbeiten, indem dieses frei laufen darf, es gilt zu beobachten, ob sich das Pferd den Reizen entzieht. Damit lehnt ein Pferd die Berührung ab.

Schauen Sie Ihrem Gegenüber stets in die Augen, damit Sie das Zusammenspiel der Signale deuten können. Streicheln Sie vom Hals bis zum

Rücken, hierbei wird herausgefunden, ob das Pferd Schmerzen hat oder ihm unwohl ist. Versuchen Sie, die Ohren Ihres Pferdes zu berühren, viele Pferde empfinden dieses als unangenehm, sollte Ihr Pferd die Berührung an der Stelle zulassen, ist es hier möglich, die Ohren von unten nach oben zu streichen. Das Pferdeohr ist mit vielen Akupressurpunkten belegt und es kann somit zu einer ganz körperlichen Entspannung führen. Schüttelt Ihr Pferd während des Vorgangs den Kopf, zeigt es Ihnen damit, dass es die weitere Berührung ablehnt. Zwischen dieser Vertrauenslektion können Sie sich auch immer wieder ein paar Meter von Ihrem Pferd entfernen, um zu schauen, ob dieses hinter Ihnen herläuft. Sollte es nach ein paar Metern entscheiden, sich von Ihnen zu entfernen, ist das vollkommen in Ordnung, denn Ihre Aktion ist eine Einladung, bei welcher Ihr Pferd selbst entscheiden kann. Diese Selbstständigkeit macht Horsemanship aus, das Pferd darf mitdenken und eigene Entscheidungen treffen.

3. DIE FÜNF BEREICHE
DES PFERDES

Um klarer und strukturierter trainieren zu können, teilen wir das Pferd in fünf verschiedene Bereiche ein. Jeder diese Bereiche zeigt einen eigenen Druckpunkt und fördert eine gewünschte Reaktion. Diese Unterteilung ist nicht für das Horsemanship zu nutzen, sondern im grundsätzlichen Umgang mit dem Pferd.

Gestartet wird mit Bereich eins: Zu diesem Bereich zählt der Bereich, welcher vor dem Nasenriemen des Pferdes sitzt, wenn dieses ein Halfter trägt. Hier können Sie das Pferd anfangs rückwärtsrichten. Je nachdem, wie weit Sie bereits im Horsemanship-Training sind, können Sie Ihr Pferd über diesen Bereich auch zu sich holen.

Zwischen Nasen- und Kinnstück des Halfters, sprich Augen und Ohren, ist auch ein Bereich, welcher allerdings absichtlich nicht mit aufgezählt wird. Dieser Bereich wird beim anfänglichen Horsemanship komplett ausgelassen und ist daher für unsere folgenden Lektionen vollkommen irrelevant.

Weiter geht es zu Bereich zwei: Dieser beginnt hinter dem Genickstück des Halfters bis zur Schulter, inklusive der Vorderbeine und des gesamten Halses. Hier ist es uns möglich, die Vorderhand des Pferdes entweder von uns weg oder zu uns hinzubewegen. Es ist Ihnen überlassen, in welchen Punkt des Bereiches Sie am liebsten treiben, das geht entweder an der Schulter oder hinter dem Genick, diese Vorliebe variiert auch ja nach Größe Ihres Pferdes. Ein Pony ist wahrscheinlich einfacher im Genick zu richten, ein Großpferd hingegen an der Schulter. Wichtig ist, dass dieser Punkt fest gewählt ist und nicht in den Trainings wechselt.

Weiterführend kommen wir in den dritten Bereich unseres Pferdes: Hierzu zählt alles, was hinter der Schulter des Pferdes bis hin zu der Flanke reicht, also Bauch und Rücken. In diesem Bereich ist es möglich, das Pferd vom Boden aus seitwärts zu schicken, beim Reiten ist dieser Bereich durch die Beine berührt.

Die Hüfte und Hinterbeine des Pferdes zeigen Bereich vier. Hier ist es Ihnen möglich, die Hinterhand des Pferdes in eine jeweilige Richtung zu verschieben. Als letztens gibt der Schweif und alles, was sich dahinter befindet, den fünften Bereich. Es ist Ihnen möglich, das Pferd in diesem Bereich vorwärtszubewegen. Gerade am Anfang der Bodenarbeit ist dieser Bereich zum Antrieb des Pferdes sehr wichtig.

4. LOB AN DER RICHTIGEN STELLE, DIE VERSCHIEDENEN PHASEN DER POSITIVEN VERSTÄRKUNG

Der ausschlaggebende Punkt des Horsemanships ist die gute Kommunikation zwischen Ihnen und Ihrem Pferd. Wichtig ist die positive Verstärkung im richtigen Moment, dadurch kann man die Hilfengebung während des Trainings in verschiedene Phasen einteilen. Diese Phasen sind sehr wichtig, das Pferd fein an den Hilfen zu halten und eine stetig klare Kommunikation aufrechtzuerhalten oder zu verbessern. Diese Einteilung hilft dabei, dass Sie und Ihr Pferd immer eine gleichbleibende Art der positiven wie auch negativen Verstärkung haben.

Phase eins

Hier wird zu Anfang eine aufrechte Körperhaltung und gegebenenfalls ein Stimmkommando gefordert, bei der Stimmarbeit ist es wichtig, darauf zu achten, jedes Kommando immer mit derselben Aktion positiv zu bestärken. Zeigt das Pferd hier mit einem leichten Handauflegen oder der geforderten Körperhaltung nicht die gewünschte Aktion, gehen Sie einen Schritt weiter.

Phase zwei:

Diese Phase heißt, dass Sie einen Schritt auf Ihr Pferd zugehen und den Druck der Handfläche ein klein wenig verstärken. Meist ist dieses ein leichter Druck auf die Muskulatur.

Auch hier könnte es sein, dass gerade am Anfang nicht sofort die gewünschte Reaktion gezeigt wird, also gehen Sie weiter zur nächsten Phase.

Phase drei

Da das Pferd hier auf Phase eins und zwei nicht wie erwartet reagiert hat, sollte hier klargemacht werden, was Sie genau von Ihrem Trainingspartner verlangen. Hier kann entweder ein leichtes Touchieren mit dem Stick vorgenommen werden oder ein stärkerer Druck der Handfläche. Hierbei ist wichtig zu sagen, dass Phase eins genauso wichtig wie Phase drei ist. In dieser Phase muss das Kommando durchgesetzt werden, was bedeutet, dass hier so viel Druck aufgebaut werden muss, bis das Pferd sich richtet, allerdings nur minimalistisch. Es geht uns hier nur darum, dem Pferd die Lektion zu erklären, wir wollen es nicht bestrafen. Ebenfalls sollte das Training immer mit Phase eins begonnen werden, sollte dies nicht der Fall sein, wird ein Pferd niemals weich und fein werden können, da die verstärkten Hilfen nicht mehr ankommen.

Ebenfalls sollte Phase drei im besten Fall einmal kurz und energisch angewendet werden.

Nach jedem gewünschten Verhalten des Pferdes muss unmittelbar danach eine positive Verstärkung folgen. Das Durchlaufen der Phasen bestraft ein Pferd zwar nicht, aber hat auch nicht denselben Effekt wie ein Lob, welches durch Streicheln Ruhe und Pause signalisieren soll.

5. SPIELE FÜR DIE BASIS IM HORSEMANSHIP NACH PARELLI.

Das Friendly Game

Eines der wichtigsten Spiele im Horsemanship ist das Friendly Game. Das Pferd soll hier lernen, dass es uns vertrauen kann und wir ihm Sicherheit geben. Hier fangen wir ebenfalls wie im Beziehungsaufbau an, das Pferd über den Körper zu berühren. Dieses Zeichen der Nähe signalisiert dem Pferd, dass nun eine Pause eingelegt wird und dass es sich bei uns entspannen darf. Das Pferd soll sich von Ihnen überall berühren lassen. Dabei halten Sie das Halfter und Seil in der Hand. Anschließend können Sie das Halfter in streichelnden Bewegungen über den Pferdekopf ziehen, dabei wird das Genickstück langsam über den Pferdekopf geführt, um zu vermeiden, dass das Ende des Stückes ins Pferdeauge gelangt.

Beim Friendly Game werden die Berührungen deutlich genauer und ausführlicher ausgeführt als in der alltäglichen Beziehungsbindung. Dabei fangen Sie vorn am Kopf an und tasten langsam den Kopf in allen Bereichen ab. Von dieser Stelle aus gehen Sie über die Vorhand, wozu Schulter und

Vorderbeine zählen. Danach über Rücken, Bauch, Hinterbeine und Kruppe. Das Ziel ist es, dass Ihr Pferd sich durch Ihre Berührungen entspannt. Das Abstreicheln kann später auch mit dem Seil oder dem Stick durchgeführt werden. Das Pferd lernt, ruhig zu stehen und sich später in angespannten Situationen durch Ihre Berührung zu entspannen. Zeigen Sie diesem mit dem Streicheln also, dass es Zeit für eine Pause ist.

Nun nehmen Sie langsam das Seil hinzu. Es soll an jeder Körperstelle völlig in Ordnung für das Pferd sein, so berührt zu werden. Hier soll ebenfalls unter dem Streicheln mit Seil eine Entspannung hervorgerufen werden. Achten Sie hierbei darauf, bereits ein Gefühl für Ihr Seil entwickelt zu haben, damit dieses so sanft wie möglich genutzt werden kann.

Nach der Berührung mit dem Seil dürfen Sie dieses nun durch den Stick tauschen. Dieser soll ohne Seil genutzt werden, indem Sie das Pferd langsam mit diesem harten Gegenstand überall abtasten. Hier sollte darauf geachtet werden, dass die Berührungen nicht zu intensiv sind. Sollten Sie einen Stick mit Seil haben, können Sie mit diesem ebenfalls Ihren Berührungsvorgang durchführen.

Das Seil kann leicht über den Rücken geworfen werden oder an die Beine. Merken Sie, dass Ihr Pferd abkaut, wird nach jeder Einheit eine kleine Pause gemacht. Hier hat der Leitfaden des Horsemanships die höchste Priorität. Strahlen Sie Ruhe aus und gehen Sie mit einer klaren und entspannten Körperhaltung ins Training.

Das Porcupine Game

Dieses Spiel wird auch Stachelschwein-Spiel genannt. Hier geht es darum, dass Ihr Pferd lernt, bei Druck zu weichen. Diese Art Erziehung benötigen Sie nicht nur im Training, sondern auch täglichen Umgang mit Ihrem Pferd.

Fangen Sie mit einem Rückwärtsrichten an, was durch einen leichten Druck auf der Nase ausgelöst werden soll. Sie legen Ihre Hand auf den Nasenrücken des Pferdes und gehen einen Schritt darauf zu, sollte Ihr Pferd hierauf nicht reagieren, üben Sie ein wenig Druck auf die Muskeln aus. Sollte hier noch immer keine gewünschte Reaktion kommen, dürfen Sie ein wenig mehr Druck auf den Knochen ausüben. Wichtig ist immer, daran zu denken, das Pferd bei Reaktion direkt zu loben, damit dieses positiv verstärkt wird.

Ziel ist es, dass das Pferd bei minimalem Druck weicht. Beginnen Sie erst einmal mit ein bis zwei Schritten rückwärts. Beherrscht Ihr Pferd diese sicher, können Sie langsam die Schrittanzahl erhöhen. Rückwärtsrichten beansprucht die Muskeln der Hinterhand des Pferdes extrem, deshalb achten Sie bitte darauf, diese Übung nicht allzu lange durchzuführen.

Nach dem Richten am Pferdekopf fangen Sie an, das Pferd über einen Druck auf die Brust zu richten. Hier wird der Druck wieder in die gleichen drei Phasen eingeteilt. Sie beginnen mit dem minimalen Druck, zeigt es auf diesen keine oder zu wenig Reaktion, werden Sie in Ihrer Hilfe ein wenig klarer und üben vermehrten Druck aus. Kommt hier ebenfalls nicht die gewünschte Reaktion, muss eine maximale Druckerzeugung über einen kurzen Zeitraum aufgebracht werden. Hier sollen Sie nicht mit Ihrem ganzen Körpergewicht gegen das Pferd drücken! Aber achten Sie darauf, dass die verschiedenen Phasen immer etwas stärker und deutlicher werden. Als Nächstes wird das Druckweichen in der Genickgegend geübt.

Diese Lektion kann manchen Pferden anfangs sehr schwerfallen und gegebenenfalls auch etwas unangenehm wirken. Die Hand wird langsam auf das Genick des Pferdes aufgelegt, dann fangen Sie mit einem ganz leichten Druck an und steigern diesen wieder in den drei Phasen, welche bei den vorherigen Lektionen bereits umgesetzt wurden.

Vor und nach der jeweiligen Druckausübung sollte das Pferd gestreichelt werden, damit dieses weiß, dass nicht jede Berührung Druck heißt und es lernt, den Unterschied zu erkennen. Sie können bei den verschiedenen Lektionen Ihre Position ändern, dies bringt Abwechselung ins Spiel.

Nun beginnen Sie mit dem Bewegen der Vorderhand. Diese Lektion ist schon etwas fortgeschrittener, daher sollte diese Übung erst durchgeführt werden, wenn die ersten Teile des Horsemanships problemlos durchzuführen sind.

Sie nehmen Ihre rechte Hand hinter das Halfter, suchen Sie sich einen Punkt, an dem Sie die Hand gut auflegen können. Ihre linke Hand können Sie zu Ihrer eigenen Orientierung auf die Schulter des Pferdes legen, auf dieser ist keinerlei Druck.

Ihre rechte Hand schiebt den Kopf des Pferdes in die Richtung, welche Sie möchten, und gehen dabei einen Schritt auf Ihr Gegenüber zu, da Sie so bewirken wollen, dass die Vorderhand bewegt wird, diese also von Ihnen weicht. Auch da sollten Sie immer wieder positiv bestärken, damit verstanden wird, was genau Sie in dieser Lektion von Ihrem Pferd wollen.

Nach dieser Lektion fangen Sie an, die Hinterhand Ihres Pferdes weichen zu lassen. Auch hier suchen Sie sich einen beliebigen Punkt an der Hüfte, an welchem Sie Druck ausüben. Das Prinzip beim Porcupine Game ist immer dasselbe: Sie nutzen die drei Druckphasen und bauen langsam darauf auf, reagiert das Pferd bei einer minimalen Druckausübung, haben Sie in dieser Lektion Ihr Ziel erreicht. Achten Sie immer darauf, dass Sie eine gute Position haben, in der Sie dem Pferd problemlos folgen können und immer regelmäßige Streicheleinheiten einbauen. Sollten Sie diese vergessen, kann es passieren, dass das Pferd nicht mehr stehen bleiben möchte und Berührung nicht mehr positiv verbindet.

Sind die Lektionen mit einem Druck aus der Hand sicher, nehmen Sie sich Ihren Stick dazu, hier wenden Sie diesen genauso an wie Ihre Hand. Idealerweise sollte das Pferd durch die gefestigte Handübung beim minimalen Druck des Sticks weichen. Sollten Sie die Phasen mit Stick ausüben müssen, sollte gut Acht auf die Übersetzung des Sticks gegeben werden. Durch seine Nutzung haben Sie ein verringertes Feingefühl, was dazu führen kann, dass Ihre Hilfen zu stark werden. Üben Sie bei Unsicherheit immer wieder das Handling der Ausrüstung ohne Pferd, damit Sie sich nicht direkt an diesem ausprobieren. Hier wird bei positiver Verstärkung mit dem Stick gelobt und nicht mit der Hand. Sollten hier alle Lektionen bei der ersten Druckphase gesichert sein, können wie auch beim Rückwärtsrichten mehrere Schritte abgefragt werden.

Das Driving Gam

Hier geht es darum, dass sich Ihr Pferd nach Möglichkeit ohne direkten Kontakt auf Distanz bewegen kann, ohne dass es angefasst wird. Sie bewegen sich in Schulterhöhe auf Ihr Pferd zu und machen dort Druck, wo sonst Ihre Hand liegen würde, kurz hinter dem Halfter. Hier werden die drei Druckphasen ein wenig anders verteilt. In Phase eins wird beim Driving Game keinerlei haptischer Druck ausgeübt, bei Phase zwei tippen Sie Ihr Pferd langsam mit dem Stick an und in Phase drei wird das Pferd an der entsprechenden Stelle ein wenig eindringlicher berührt. Auch hier gilt dasselbe Prinzip, dass anfänglich ein Schritt ausreicht. Nach einem gewünschten Ergebnis gehen Sie wieder zurück in das Friendly Game und verstärken an der Berührungsstelle positiv.

Beim Verschieben der Hinterhand im Driving Game ist es wichtig, dass Sie eine ganz bestimmte Körperhaltung einnehmen. Sie bücken sich leicht vor dem Pferd und gehen hinten auf die Hinterhand zu. Achten Sie darauf, dass es hier in der ersten Phase reagiert, ist dies nicht der Fall, zeigen Sie mit dem Stick Richtung Hinterhand. Auch hier würden Sie bei unerwünschtem Ergebnis wieder in Richtung Phase drei arbeiten. Bei Berührung durch den Stick wird eine klopfende, sanfte Methode empfohlen, hier sollten Sie diese aber auch abhängig von Ihrem Pferd machen.

Im Driving Game sollten Sie Ihr Pferd nach Belieben immer „abschalten" können, was durch das Streicheln abzurufen sein sollte.

6. DIE POSITION ZWISCHEN MENSCHEN UND PFERD IM DEHNUNGSTRAINING.

Da es sich beim Horsemanship um Bodenarbeit handelt, kann man eine gymnastizierende Arbeit hervorragend hinzunehmen. Gymnastik für unser Pferd hilft, damit dieses in der Muskulatur elastischer wird und unsere Forderungen problemloser umsetzen kann. Aber wie gymnastiziere ich mein Pferd vom Boden aus?

Beherrscht Ihr Pferd die Bodenarbeitsübungen gut, können Sie mit der gymnastizierenden Arbeit beginnen, gerade bei jungen Pferden kann diese bereits vor der Arbeit unter dem Sattel zum Muskelaufbau beitragen. Das Pferd soll den Reiter problemlos tragen können, daher ist dieses Training sehr wichtig, aufgrund dessen, dass die natürliche Schiefe des Pferdes ausgeglichen werden muss. Hier müssen Sie besonders darauf achten, die verkürzte Muskulatur zu dehnen und den Aufbau der Muskeln richtig zu strukturieren. Voraussetzung ist eine Basis, welche das Pferd gut beherrscht. Vertrauen und Respekt sind bei dieser

Lektion Voraussetzung, denn beim Dehnungstraining geht es um die feinen Hilfen des Pferdes.

Die natürliche Schiefe des Pferdes:
Pferde besitzen von Geburt aus eine natürliche Schiefe, welche mit dem Menschen in Form der Rechts- oder Linkshändigkeit zu vergleichen ist. Es gibt keinerlei wissenschaftliche Erkenntnisse über diese Schiefe des Pferdes. Pferde sind immer zu einer Seite in der Halslänge gebogen, welche je nach Pferd unterschiedlich stark ausgeprägt ist.

Begonnen wird das Dehnungstraining immer mit einem „Warm-up".

Bewegen Sie die Vorder- und Hinterhand Ihres Pferdes, genauso wie es in den Spielen nach Parelli erklärt wurde, damit Ihr Pferd seine Muskulatur aufwärmen kann. Lockeres Traben an der Hand sollte ebenfalls beim Aufwärmtraining nicht fehlen. Zu einem effektiven Dehnungstraining gehört die Biegung und Stellung des Pferdekörpers. Zu Anfang streicheln Sie über den Mähnenkamm des Pferdes, dieses sollte daraufhin den Hals herunternehmen, ist das nicht der Fall, ist ein kleiner Rückschritt angeraten und das Porcupine Game sollte nochmals ausführlicher trainiert werden. Achten Sie dabei darauf, dass das Genick des Pferdes in Stellung gebracht wird, indem Sie den Nasenbereich des Pferdes, sofern Sie auf der linken Seite des Pferdes stehen, mit der linken Hand anfassen und ein kleines bisschen drücken, dabei ist Ihre rechte Hand im Genick des Pferdes und gibt diesem die nötige Haltung. Das Pferd sollte den Kopf circa 20 Zentimeter drehen, mehr sollten Sie von Ihrem Pferd nicht fordern. Richtet sich Ihr Pferd rückwärts, wird diese Aktion kommentarlos gelassen, wahrscheinlich hat Ihr Pferd Sie hier durch den Druck auf den Nasenrücken falsch verstanden und ist somit zurückgewichen. Eine negative Verstärkung ist hier nicht nötig. Senkt Ihr Pferd dabei den Kopf, ist dies eine gewünscht zusätzliche Aktion. Nun wechseln Sie die Seite und führen das Ganze spiegelverkehrt aus. Diese Übung wurde mit einem stehenden Pferd ausgeführt, weiter arbeiten Sie nun an der Biegung eines Pferdes, welches sich im Schritt vorwärtsbewegt.

Hierbei achten Sie darauf, dass das Pferd den Hals nach unten dehnt und geben, falls dies nicht freiwillig angeboten wird, zunächst die nötige Hilfestellung mit Ihrer Hand.

Führen Sie Ihr Pferd in einem Kreis und fangen Sie an, dies (in derselben Theorie wie bei einem stehenden Pferd) mit dem Kopf nach innen in Richtung der Laufbewegung zu stellen. Später ist es wichtig, damit das Pferd in der Wendung nicht auf die innere Schulter fällt, was bedeutet, dass diese zu stark nach innen eingedreht wird. Hierbei würde Ihr Pferd wahrscheinlich versuchen, die Arbeit der Kopfstellung zu entlasten, halten Sie dafür eine Hand auf die Schulter und drücken Sie Ihr Pferd leicht hinaus.

Sobald Ihr Pferd in einer Schritt-, Trab- oder sogar Galopp-Bewegung ist, ist es wichtig, dass es versteht, vorzulaufen. Durch Ihre seitliche Stellung in Höhe der Pferdeschulter wird es anfangs missverständlich für das Pferd sein können.

Die Biegung des Pferdes sollte ebenfalls kleinschrittig belohnt und langsam erhöht werden.

7. DAS „YO-YO-GAME" NACH PARELLI

Rückwärtsrichten

In diesem Spiel geht es darum, das Pferd auf einer geraden Linie rückwärts schicken zu können und wieder an Sie herantreten zu lassen. Dieses Spiel wird ebenfalls durchweg von den drei Phasen und der positiven Verstärkung begleitet. Sie beginnen mit Phase 1: Stellen Sie sich gerade und aufrecht vor Ihr Pferd, heben Sie die rechte Hand und den rechten Zeigefinger. Reagiert das Pferd nicht erwünscht, wechseln Sie mit Ihren Hilfen zu Phase 2, in der Sie nun den Stick leicht in Richtung Ihres Pferdes schwingen, hier findet noch keine Berührung statt. Bei Phase drei schwingen Sie den Stick in diesem Fall Richtung Pferdebrust und berühren diese, sollte das Pferd einen Schritt zurückgehen, nehmen Sie die Spannung aus Ihrem Körper und geben Sie dem Pferd einen Moment Pause. Sollten Sie ein Pferd haben, welches in diesem Fall verunsichert ist, können Sie das „Friendly Game" anwenden, sodass dieses die Spannung aus seinem Körper nimmt und sich beruhigt, gern auch mit dem Stick, sodass das Pferd merkt, dass dieser kein

Mittel zur Bestrafung ist, sondern nur zur Hilfengebung beiträgt.

Heranholen

Beugen Sie sich in Ihrer Körperhaltung langsam nach vorn und lassen das Seil im lockeren Zustand langsam durch Ihre Hand gleiten, das Pferd sollte sich nun zu Ihnen bewegen. Tut es dies nicht, fangen Sie an, Ihre Hände langsam zu schließen und einen leichten Druck auf das Pferdehalfter auszuüben. Reagiert das Pferd immer noch nicht, steigern Sie Ihre Hilfen, bis sich das Pferd in Ihre Richtung bewegt. Auch hier wird ein kleiner Schritt mit einer Pause belohnt und das „Friendly Game" wird eingebaut.

Das „Yo-Yo-Game" ist in vielerlei Hinsicht sehr wertvoll, da die Übergänge Ihres Pferdes kontrolliert werden können, ebenfalls können Sie hierdurch Ihr Pferd in jeder Situation zu sich holen. Ganz wichtig ist es, dass mit dieser Übung ein Verladetraining für den Pferdehänger stattfinden kann, da sich dieses problemlos von Ihnen wegschicken lässt.

8. DAS „CIRCLING GAME" NACH PARELLI

Das „Circling Game" ist viel mehr als die normale Longier-Arbeit, wie sie sonst bekannt ist. Es geht darum, das Pferd in eine Richtung schicken zu können, sodass es diese beibehält. Das Tempo des Pferdes soll unverändert bleiben, ohne dass Sie ständige Hilfen geben müssen. Es geht also darum, dass das Pferd selbstständig arbeitet und mitdenkt. Dieses Spiel ist die Basis jeglicher Freiarbeit. Sie achten darauf, dass kein Druck auf Seil und Halfter ausgeübt wird.

Sie schicken das Pferd mit dem „Yo-Yo-Game" rückwärts von Ihnen weg und lassen es einen kleinen Moment an dem Platz stehen, wo Sie es haben möchten. Auch hier beginnen Sie wieder mit Phase 1. Richten Sie Ihren Körper auf, heben Sie den rechten Arm an und zeigen dem Pferd die Richtung, in die es laufen soll. Wichtig ist hierbei, dass der Stick auf dem Boden ist.

Phase 2 ist eine leichte Anhebung des Sticks und ein Schwingen mit dem Seil hinter der Hinterhand des Pferdes. In Phase 3 schwingen Sie mit dem Stick hinter dem Schweif des Pferdes und lassen das Seil mit viel Druck auf den Boden fallen, sodass Ihr Pferd merkt, dass es Zeit wird, loszulaufen. Die Körperspannung muss aufrechterhalten bleiben, bis sich das Pferd in der gewünschten Gangart bewegt. Knicken Sie dann ein Bein ein und stellen Sie sich entspannt hin, hiermit zeigen Sie dem Pferd, dass dieses aktuell richtig handelt.

Bleiben Sie, anders als bei der ursprünglichen Longier-Arbeit, stehen und drehen Sie sich nicht weiter mit, sondern bleiben Sie in Ihrer entspannten Körperhaltung. Um das Pferd anhalten zu können, fixieren Sie den hinteren Bereich der Flanke Ihres Pferdes. Das ist der Bereich, welchen Sie beim „Driving und Porcupine Game" ebenfalls fixieren würden. Achten Sie wieder auf Ihre Körperhaltung. Bücken Sie sich etwas und schleichen Sie leicht auf das Pferd zu. In dem Moment, da das Pferd die Hinterhand wegdreht, bleiben Sie wieder entspannt. Bei diesem Punkt ist es Ihnen frei, ob das Pferd in der Hinterhand stehen bleiben soll oder sich auf Sie zu bewegen soll. Wenn Ihr Pferd Probleme haben sollte, auf dem Zirkel zu laufen, können Sie beginnen, dieses in der Schultergegend herauszuschicken, wo die Vorderhand die Zirkellinie berührt.

9. DAS „SIDEWAYS GAME"
NACH PARELLI

Im „Sideways Game" geht es darum, Ihr Pferd seitwärts zu verschieben, das Pferd wird anfänglich seitwärts von Ihnen weggedrückt.

Zum Beispiel könnte man hier anfangs einen Zaun nutzen, welcher das Pferd vorn begrenzt.

In Phase 1 stellen Sie sich in Höhe des Pferdekopfes seitwärts neben das Pferd und schleifen den Stick in Höhe des Bauches seitwärts neben dem Pferd her. In Phase zwei heben Sie den Stick an und schwingen diesen Richtung Pferd, ebenfalls in der Höhe des Bauches. In der dritten Phase berühren Sie das Pferd mit dem Stick und üben klopfende Impulse aus. Ein kleiner Schritt reicht, belohnen Sie Ihr Pferd mit einer Entspannungspause.

Zitat: „Je besser das Pferd seitwärts und rückwärts laufen kann, desto besser wird es auch alle anderen Dinge tun." – Pat Parelli

---

10. DAS „SQUEEZE GAME" NACH PARELLI

Das sogenannte „Squeeze Game" ist eine Art Engpass-Spiel. Das Pferd soll lernen, seine natürliche Platzangst zu überwinden, es wird ruhiger, gelassener und lernt, dem Menschen zu vertrauen. Vor allem ist es wichtig, dass Sie dieses Spiel ebenfalls zum Verladen nutzen können, da das Pferd irgendwann in den Hänger geschickt werden soll, ohne dass Sie vorausgehen müssen.

Für dieses Spiel müssen Sie auf dem Platz, auf dem Sie arbeiten, einen Engpass aufbauen. Nutzen Sie dafür kleine Blöcke, welche Sie in einem Abstand von circa 3 Metern nebeneinander auf die Zirkellinie stellen.

Schicken Sie Ihr Pferd wie beim „Circling Game" nach vorn und heben Sie die Hand, der Stickt bleibt auf dem Boden, da Sie sich hier noch in Phase eins befinden. Bei Phase 2 wird der Stick angehoben und bei Phase 3 wird dieser hinter dem Pferd unmissverständlich geschwungen.

Halten Sie Ihr Pferd an und in dem Moment, da das Pferd Sie anschaut, werden Sie wieder gerade und schicken es wieder los. Das Pferd soll sich durch den Engpass bewegen. Bei ängstlichen Pferden reichen ein paar Schritte, welche sofort positiv verstärkt werden müssen.

Der Leitfaden

Im gesamten Training begleitet Sie die Basistheorie, welche von verschiedenen Lernstufen begleitet wird. Diese helfen, das Training so fein und effektiv wie möglich halten zu können, durch Verständnis, Vertrauen und Respekt. Zum Ende dieses Ratgebers werden Ihnen noch einmal die wichtigsten Grundsätze Ihres Trainings deutlich gemacht.

Die Sensibilisierung:
Sie möchten sich und Ihr Pferd für eine bestimmte Hilfe mit einem Gefühl oder einem Druck, den es spürt, sensibilisieren. Das bedeutet, dass Ihr Pferd

dieses Gefühl oder diesen Druck zuordnen und verstehen kann. Sie üben den Zugang zu verschiedenen Aktionen Ihres Pferdes, wie zum Beispiel dem Weichen bei einem Druck auf den Kopf. Achten Sie immer darauf, dass Ihr Pferd weich auf die Hilfen reagiert und diese umsetzt.

Die Verlässlichkeit von Einwirkungen:
Pferde haben eine Vielzahl von Reflexen und Verhaltensreaktionen angeboren bekommen. Vieles, was der Mensch von dem Pferd fordert, arbeitet gegen diese Reflexe, zum Beispiel der Druck am Kopf bei der Biegung des Pferdes. Natürlich ist es für das Pferd, einem Druck standzuhalten und diesem nicht nachzugeben. Sie trainieren dem Pferd also einen Nachgiebigkeitsreflex an. Hier müssen Sie die Lektionen immer wiederholen, damit die Abläufe der Übungen perfektioniert werden können.

Es benötigt also enorm viele Wiederholungen, damit Einwirkungen oder Hilfen verlässlich werden.

Die Intensität / Druckverständnis:

Pferde sind von Natur aus schlecht in Druckverständnis, hier arbeiten Sie also mit den verschiedenen Phasen, welche während des Trainings immer wieder erklärt werden.

Sie beginnen mit einem minimalen Druck, welcher am Ende der gesamten Übung das Ziel darstellt. Eine langsam, immer stärker werdende Hilfengebung ist hier unumgänglich. Das Verstärken einer positiven Aktion ist hier genauso wichtig wie eine negative oder stärkere Hilfengebung – bis hin zur gewünschten Aktion

Wann sind Sie bereit für mehr?

Die Einsteiger-Spiele im Horsemanship nach Parelli und die Dehnungsarbeiten an der Hand sind kein Problem mehr für Sie? Es ist Ihnen möglich, auf der erlernte Wissen des Pferdes immer zuzugreifen, und dieses setzt es mit der nötigen Basis um? Dann sind Sie bereit für mehr Horsemanship. Dieses Training ist für die anfänglichen Spiele und die Vertrauensarbeit zwischen Menschen und Pferd ausgelegt. Wenn Sie nun in das Training für Fortgeschrittene wechseln, ist das erst einmal ein großer Schritt, jedoch wird alles erst einmal auf derselben Basis aufgebaut und in den drei erlernten Phasen umgesetzt.

In der weiteren Arbeit werden Sie unter anderem lernen, wie Sie das Tempo des Pferdes an der Hand wechseln können. Außerdem gehen Sie nun den Schritt Richtung Sattel, damit Sie Ihr Pferd endlich unter den Geboten des Horsemanships reiten können.

Denken Sie bitte immer daran, dass Sie sich kleine realistische Ziele setzen und diese auch durch Umwege erreichen können. Ebenfalls sollten Sie die Einsteigerübungen mit Ihrem Pferd immer wieder durchführen und nicht bei den neuen Herausforderungen vernachlässigen.

Das Schlusswort

Das Pferd ist eines der schönsten Wesen, welches Ihnen seine Aufmerksamkeit, freie Liebe und Ruhe schenkt. Halten Sie sich immer vor Augen, was es dem Pferd abverlangt, sich auf Sie einzulassen, seine natürlichen Reflexe zu unterdrücken und Ihnen volles Vertrauen zu schenken.

Zitat: „Ich will alles daransetzen und mein Bestes geben, damit diese Pferde in Ihrem freundlichen Wesen gut über mich urteilen und damit Harmonie walte, getragen vom Einvernehmen zwischen zwei Lebewesen." – Nuno Oliveira

Herstellung und Verlag:

BoD – Books on Demand, Norderstedt

ISBN: 9783756243822

© Christina Menken 2022

1. Auflage

Kontakt: Psiana eCom UG/ Berumer Str. 44/ 26844 Jemgum

Covergestaltung: Fenna Larsson

Coverfoto: depositphotos.com